子どもたちに伝えたい！
仕事に学んだ日本の心

外国人が教えてくれた！

私が感動した ニッポンの文化

第2巻 こんなに美しい・おいしいなんて！高みをめざす職人の巧み

監修 ロバート キャンベル

日本図書センター

監修にあたって
日本の文化に耳を澄まして

日本に限らずどこの国でも、昔からの伝統的な学び事をずっと続けて、「外国人でありながら」それを完璧にこなせるように努力してきた人を、わたしは美しいと思う。

彼らはものすごくたくさんあったにちがいない選択肢の中から、おそらく誰に言われることもなく、自分一人で「これだ」というものを選びとっている。すごいことだ。わたくしは、日本で伝統文化を学んで学んで、学びぬいて、「ついにマスターした！」という友だちを何人も知っているけれど、みんな目が輝いている。

何かを体験することでそのことが好きになるというのは、自然なこと。好きになった以上はとことん練習して、昨日できなかったことをやってみせるというのも、最高に気持ちいい。でも体験と言っても、なかなかいいきっかけが見つからなかったり、自分にとってどういうことが面白いのかに、気づくことがむずかしい時もある。そんな時、この本に登場する人々から、いいヒントがもらえるかもしれない。

日本の伝統文化を自分の仕事にしている外国人は、ほとんど例外なく、日本の「これだ！」に出会う前から、自分の国の文化の何かに興味を持ったり、深く感じたり、勉強したり、あるいはすでに仕事をしたりしている。これから世界に出かけていって何かをきわめたいと思っている若い読者も多いと思う。そうした読者はこの本を読みすすめるうちに、自分がいちばん知っている日本という環境の中で耳を澄まして、すばらしい文化に触れてみることが、実は早道だということに気づくはずだ。

音楽でも宗教でも染織でも料理でも絵画でもそうだが、本物をきわめた外国人は日本の伝統の外からやってきているので、とっかかり方がちがう。一瞬の出会いの中でアンテナが働き、「つながった！」と思って、それを信じ続けているから今がある。「職業にできることなんて夢のまた夢」。そんな状況に目をつぶらなければ、とても続けられたものではない。みんなねばり強く、と同時に楽しそうにがんばっている。そう考えると、日本のよさは、ひょっとして外側から発見して、飛び込んできた人々の姿と言葉から、ぐっとリアルに感じられるものなのかもしれない。少なくとも、わたくしはこの『外国人が教えてくれた！私が感動したニッポンの文化』を読み返しながら、そう実感したのである。

ロバート キャンベル
（東京大学大学院教授）

この本の使い方

わたしたちといっしょに今まで気がつかなかった「ニッポンのいいところ」を見つけにいこう！

日本に魅せられ、日本にやって来て活躍する外国人。このシリーズでは、日本の文化や環境の中で、さまざまな仕事をする21人の外国人と、その仕事との出会いを紹介します。第2巻では7名、それぞれの仕事を通じて、外国人がわたしたちの知らなかったニッポンを教えてくれます。

何をする人？
「○○さん」×「仕事」というタイトルで、「誰が」「何に」取り組んでいるのかが、ひと目でわかります。

profile
紹介する人のプロフィールがわかります。

大切なものを紹介！
家族や仕事の仲間、気持ちをこめてつくった作品などを紹介します。

アイテムチェック
仕事に関連する道具、いつも持ち歩いているものなどを、ズームアップして紹介します。

仕事の心意気
印象的な言葉、仕事に向き合う姿勢や気持ちを学びます。

コラム「発見！ニッポン」
なじみのない伝統文化や仕事について、図や写真でやさしく解説します。

ぼくも先輩たちみたいに、日本の文化に関心があるんだ

もっと教えて！○○さん
「日本についてどう思っているの？」など、Q＆A形式でさらにその人の魅力に迫ります。

もくじ

監修にあたって 日本の文化に耳を澄まして ………… 2

この本の使い方 ………… 3

🇬🇧 デービッド・ブルさん×木版画 ………… 6

小さなギャラリーで一目ぼれした日本の木版画。母国でひとり木版画の方法を探究してきたデービッドさんに、日本の職人たちは喜んで技術を教えてくれました。木版画がたくさんの人に愛されるよう、心を込めて作品をつくっています。

🇪🇸 マニュエル・メンドゥイニャさん×盆栽 ………… 12

近年、世界的に注目されている盆栽。伝統的な徒弟制度の中で修業するマニュエルさんは、5歳のときにはじめて盆栽に出会いました。自ら選んだ、感性と技術が求められる盆栽職人への長い道のり。人生を変えた盆栽の「美」について語ります。

🇨🇦 ブライアン・ホワイトヘッドさん×藍染め ………… 18

日本で藍染めを始めて20年。今では糸の生産から染め、織りまで、全てを手がけています。大自然の中で技術を磨き、地域に根ざした生活を育んできたブライアンさんの元には、世界各国から人々が訪れ、その工房は国際交流の場にもなっています。

🇰🇷 キム・ハヨンさん×日本料理 ………… 24

語学留学で訪れた日本で感じた、「食」への強いこだわり。日本料理の専門学校に通うため、ふたたび来日しました。ハヨンさんが絶賛するのは、日本の「だし」。味だけでなく、美しさや栄養、食文化など、日本料理の魅力を教えてくれました。

🇬🇧 フィリップ・ハーパーさん×日本酒 ……………… 30

日本ではじめて外国人「杜氏」となったフリップさんは、日本酒の製造を指揮する最高責任者です。フィリップさんが考える、いい酒をつくるために一番大事なこととは、何なのでしょうか？

🇦🇺 ユアン・クレイグさん×陶芸 ……………… 36

1本の電話で、オーストラリアからバッグ2つだけを持って日本にやってきたユアンさん。「日本というより益子に来たかった」。そんなユアンさんの心をとらえて離さなかった日本の器と、その器に込められた信念とは？

🇵🇭 カンラス・ウェンディさん×ラーメン ……………… 42

東京の街中で、ラーメン屋の店主をつとめるウェンディさん。故郷・フィリピンの味と、日本の味を調和させたメニューを開発。忙しい毎日ですが、日本で働く幸せ、そして日本の未来の可能性を感じています。

コラム　ニッポンに恋した外国人 ……………… 29

　　　　ジョサイア・コンドル

コラム　ニッポンの外国人の街 ……………… 47

　　　　中華街

※この本で紹介している情報は2014年12月現在のものです。

デービッド・ブルさん × 木版画

緑の木々が生い茂り、澄んだ小川がサラサラと流れています。東京都・青梅市にある工房「木版館」。そこで木版画をつくり続けているデービッドさんが、運命を変えた木版画との出会い、そしてその魅力について語ります。

> モーツァルトの曲は何百年も前につくられましたが、誰も伝統音楽だとはいいません。今でもごく当たり前に、いろいろな人が聴いているからです。木版画も、同じようにたくさんの人に愛されて、人々の生活の中で使われてほしいと思っています

profile 🇬🇧

出身国：イギリス
生年：1951年　**職業**：木版画家
紹介：5歳のときにカナダに移住。音楽関係の仕事をしていたとき、ギャラリーで木版画に出会い魅了される。独学で版画を始め、本格的に学ぶために1986年に来日。伝統的な「百人一首」から、ポップカルチャーと伝統を融合させた「浮世絵ヒーローズ」まで、数々の木版画をつくり続けている。

偶然出会った木版画に一目ぼれ

「アンビリーバボー！ こんな美しいものをどうやってつくったんだろう！」

はじめて木版画と出会ったときのことを、デービッドさんはそう振り返ります。楽器屋で働いていたある日、仕事帰りに、偶然立ち寄った小さなギャラリーで、浮世絵の木版画に出会いました。髪の毛や着物の繊細な線、鮮やかな色使いにたちまち一目ぼれ。自分も木版画をつくってみたい、と思ったデービッドさんは、早速見よう見まねで木版画をつくり始めました。

「当時はインターネットもなく、版画のつくり方を調べることができませんでした。もちろん、周りに教えてくれる人もいませんでした。つくっては失敗してゴミ箱に捨て、またつくっては捨て……その繰り返しでした」

ちょうどこのころ、カナダで出会った日本人女性と結婚。いっしょに出かけた日本旅行では、版画づくりのための和紙や版木、彫刻刀を買いあさりました。はじめは趣味程度だったのですが、どうしても版画への情熱を抑えきれません。デービッドさんは日本に引っ越して、本格的に木版画を学び始めました。

運命を変えた「百人一首版画シリーズ」

日本で暮らし始めたデービッドさんは、自宅で英語教室を開いたり、手づくりのおもちゃを売ったりして生活する一方、夜や休みの日は版画に打ち込みました。木版画制作には、版画の元となる絵を描く「絵師」、その絵を板（版木）に彫る「彫師」、彫り終わった版木に絵の具をつけて、和紙に映し出す「摺師」の分業によってつくられます。そもそも、そういった仕組みすら知らなかったデービッドさんは、一人で全ての技術を身に付けていきました。少しずつではありますが、満足のいく作品もでき、腕が上達していくのを感じるようになりました。そんなある日のこと、版画の新しい題材を探しに行った図書館で、司書さんから「これはどうです？」と勧められたものがありました。それが「百人一首」だったのです。

「百人一首のことはあまり知りませんでしたが、日本ではとても人気があるものだったのですね。練習のために片っ端から彫っていたら、売ってほしいと英語教室の生徒からいわれたんです。ラッキーなことに、趣味が仕事になったんですよ」

デービッドさんは「百人一首版画シリーズ」として、1989年から毎年10点の版画を彫り、10

作品じまん

『百人一首版画シリーズ』

アンビリーバボー！

デービッドさんが木版画家として独立するきっかけとなった代表作、「百人一首版画シリーズ」。

年がかりで全100点をつくる計画を立てました。始めるとすぐに話題になり、たくさんのマスコミで取り上げられるようになりました。版画の売れ行きも好調で、1991年には英語教室をやめ、木版画家として、作品づくりに専念できるまでになったのです。

プロの木版画家たちとの出会い

百人一首の版画を始めて少し経ったころ、有名な彫師と摺師が木版画の公開制作をすると知り、さっそく参加します。はじめて直接見る木版画家の技を、デービッドさんは目を凝らして観察しました。公開制作が終わり、他のお客さんが帰った後に、デービッドさんは百人一首の版画を見てもらいました。

「これはどこで買ったの？」「わたしがつくったんです」「本当に？　どこで習ったの？」「自分で勉強したんです」「ええっ！」

⬆ 窓際にあるデービッドさん専用の作業台。窓の下には多摩川が流れる。

⬅ 作業に取り組むデービッドさん。電球の横にあるフラスコによって光が乱反射し、手元の影を消すことができます。

最初はおどろいた先生たちですが、彫刻刀の持ち方や道具を売っている場所など、基本的なことも知らなかったデービッドさんに、何でもていねいに教えてくれました。また、自分たちの工房にデービッドさんを招待し、細かい技術も見せてくれたのです。

「最初は海外から来たわたしに対して、秘密を教えてくれないのではないかと心配していました。でも逆で、隠さずにほとんどのことを教えてくれましたね」

先生たちとの出会いは、独学で木版画を学んだデービッドさんを大きく成長させてくれました。そうして百人一首の木版画も、10年間かけて完成させることができたのです。

終わりがない木版画の世界

木版画家としてたくさんの経験を積み、すっかり有名になったデービッドさん。しかし決しておごることはありません。自分の技術についても、まだまだ満足していません。

「百人一首をつくり始めたころ、たくさんの人が買ってくれましたが、あらためて考えるとそれは、販売するような出来ではなかった。今だったら捨てていたでしょうね。木版画の世界は終わりがないので、ずっと挑戦していきます」

デービッドさんが目指すのは、木版画のピークといわれている明治時代のレベル。満足のいく作品ができても、明治時代の木版画とは比べ物にならないそうです。そこには技術だけでなく、時代の変化も影響しています。

「和紙職人にお願いしたことがあるんです。明治時代の木版画に近づけたいので、そのころ使わ

デービッドさん、いろいろな工夫をするんだね

デービッド・ブルさん × 木版画

れていたような紙をつくってくれ、と。すると、何をいっているの、といわれてしまいました」

明治時代と今とでは、自然環境が大きくちがいます。きれいな空気、きれいな水で育てられた木々は、現代にはもうありません。そのため、昔と同じ紙は、今ではつくることができないのです。もしかしたら明治時代の版画には、追いつくことはできないかもしれない。けれど、どこまでそれに近づくことができるか、デービッドさんの挑戦は続いているのです。

新しい木版画へのチャレンジ

デービッドさんは伝統的な作品だけでなく、新しい木版画にもチャレンジし続けています。そのひとつが、イラストレーターのジェド・ヘンリーさんとコンビを組んで制作した「浮世絵ヒーローズ」です。ポップカルチャーと伝統を融合させた、これまでになかった木版画は、国内外でたちまち話題になりました。今でも大勢のファンが、新作ができるのを待ちわびています。

「和紙、絵の具、バレンを用いるすばらしい伝統、そこにジェドさんのポップカルチャーが加わって、完璧になったんですよ！」

デービッドさんは、作品のPRにも新しい方法

アイテムチェック

彫刻刀

刷毛

板を彫る彫刻刀と絵の具の色を伸ばす刷毛。浮世絵を描くときは、昔からある道具を、今も昔と同じように使っています。

仕事の心意気　木版画の技術は、言葉で説明することができません。達人の技を見て真似をし、何度も失敗しながら、自分のものにしていくしかないのです。

発見！ニッポン　浮世絵って何だろう？

浮世絵とは、一般に江戸時代に流行した版画絵のことです。題材として、人気のあった歌舞伎役者や力士、花魁など、その時代の庶民が好んださまざまな風俗や風景が描かれています。初期の浮世絵はひとつの色だけを使う単色摺りでしたが、徐々にカラフルな浮世絵も摺られるようになりました。このカラフルな浮世絵のことを「錦絵」といいます。代表的な作者に鈴木春信、喜多川歌麿、東洲斎写楽、歌川（安藤）広重、葛飾北斎らがいます。

葛飾北斎作『富嶽三十六景神奈川沖浪裏』（山梨県立博物館）

を取り入れています。ＷＥＢサイトやYouTubeで、これまでの作品や木版画の制作過程を公開していますが、そこには、「ワンダフル！」「ビューティフル！」といったコメントが、毎日のように寄せられています。「今後は別のイラストレーターとも協力をして、新しい木版画のシリーズをつくっていきます」、とデービッドさん。そうすればビジネスとしても大きくなるし、木版画も注目される。将来が明るくなりましたよ、と笑顔を見せました。

木版画はまだ赤ちゃんのようなもの

木版画をつくること、そしてそれをＰＲするのは、何も伝統を守るためではありません。「木版画が好きだからしているだけ」、とデービッドさんは繰り返し語ります。

「モーツァルトの曲は何百年も前につくられましたが、誰も伝統音楽だとはいいません。今でもごく当たり前に、いろいろな人に聴かれているからです。木版画も、同じようにたくさんの人に愛

木版画のつくり方

木版画とは、一般的に「絵師」、「彫師」、「摺師」による分業によってつくられます。

絵師の仕事
絵師が和紙に墨で絵を描き、色を入れる場所を指定する。

彫師の仕事
絵を版木にはって、線の部分が残るようにていねいに彫る。色をのせるところは色ごとに別の版木に彫る。

摺師の仕事
絵の具や墨を版木にのせて一色ずつ塗り重ねていく。

完成！

板の上にのせた絵の具を刷毛でのばします（左）。その上に和紙をのせて、乾かないうちに、バレンという道具を使い、ていねいに摺っていきます（右）。

デービッド・ブルさん × 木版画

されて、人々の生活の中で使われてほしいと思っています」

デービッドさんは2014年11月、浅草にもアトリエ兼工房をオープンしました。お客さんが木版画制作を体験できるスペースも用意されています。「この場所がきっかけとなって、木版画に興味を持つ人が増えるかもしれない。彫師や摺師を目指す人が出てきてほしい。木版画はまだ赤ちゃんのようなものです。もっと大きく育って、いつかわたしがいなくなっても、ちゃんと残っていってほしい」。デービッドさんは木版画の将来を、お父さんのように優しく見守っているのです。

仲間じまん

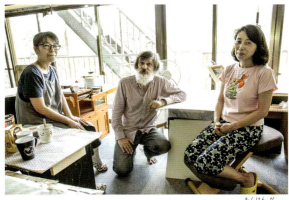

デービッドさんとアトリエのスタッフのみなさん。木版画は共同作業だからチームワークもばつぐんです。

もっと教えて！ デービッドさん

Q カナダを離れるときはさびしくなかったですか？

A いいえ、ちっとも。わたしはイギリスで生まれて、カナダに引っ越して、青梅に住んで、今度は浅草に行きます。今日、わたしがいるところがマイホームなのですから！

Q どんな趣味がありますか？

A 木版館の前を流れる川に入って遊ぶことです。とってもきれいな川なんですよ。けれど、スタッフたちは入ろうとしません。どうして？

デービッドさん、冬でも川で泳ぐんだって！寒くないの？

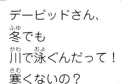

Q 元気の秘訣を教えてください

A やることが多いと元気でハッピーになりますよ。何もすることがないときはつまらないでしょ？ 楽しいことをしていれば、自然とハッピーになれます！

Q 子どもたちに伝えたいことはありますか？

A 大人になったら何になりたい？ とよく聞かれると思います。すでにあるメニューの中から選ぶのもいいけれど、真っ白なページに、自分で新しいメニューを書くこともできますよ。百人一首の版画家、とかね。やりたいことが見つかったら、ぜひ実現させてください

静岡市の郊外、緑の豊かな日本平にある会社で、
盆栽職人の見習いとして修業中のマニュエルさん。
盆栽の魅力に引きつけられて、厳しい職人の道を選びました。
日本独特の徒弟制度の中で、マニュエルさんは
どんな生活をして、何を目指しているのでしょう。

profile

- 出身国：スペイン
- 生年：1983年
- 職業：盆栽職人見習い
- 紹介：マニュエル・ジェマード・メンドゥイニャ。5歳のとき、盆栽にめぐり会う。大学で生物学、大学院で造園学を学び、日本に短期留学して盆栽の研修を受ける。その後ふたたび日本を訪れ、「苔聖園」で盆栽職人見習いとして修業を続けている。

> 子どものころから、盆栽には植物本来の美しさだけでなく、すごく芸術的な一面があると感じていました

マニュエル・メンドゥイニャさん × 盆栽

マニュエル・メンドゥイニャさん × 盆栽

盆栽には自然と芸術の両方がある

　マニュエルさんが生まれたのは、ポルトガルとの国境に近いスペインの小さな村です。小さいころから植物が大好きで、森の中で遊んだり、祖母と野菜をつくったりしていました。5歳のとき、おばさんと出かけた町のホームセンターで見つけたきれいな鉢。それがマニュエルさんと盆栽との出会いでした。そのときは欲しいといい出せませんでしたが、後で買ってもらったときのうれしさは今でも覚えています。

　「子ども心に、盆栽には植物本来の美しさだけでなく、すごく芸術的な一面があると感じていました。祖父は木彫師だったのですが、その仕事に、とても興味があったのです。教わりたいことがたくさんありましたが、わたしが子どものころに亡くなってしまい、それはかないませんでした。幼いころから大好きだった植物と、祖父の仕事だった木彫。自然と芸術の両方に、興味があったんです。盆栽を仕事にしようと思ったのは、それらが混じり合っているからなのかもしれません」

職人には厳しい道が待っている

　大学院で造園学を学んだマニュエルさんでしたが、その後どんな仕事につくか、悩んでいました。そんなとき日本に、外国人に盆栽の体験をさせてくれる会社があることを知り、ショートステイで研修を受けてみることにしました。

　「盆栽は日本生まれのものだということは知っていても、日本語はもちろん、日本についての知識はほとんどありませんでした。成田空港から東京に入ると、カラフルな町並みとにぎやかな人通りに心底おどろきました。まるでちがう星にやってきたようでした」

　日本で目にする盆栽、それにその技術は、思った以上にすばらしいものでした。滞在期間が終わるとき、マニュエルさんはここで盆栽の仕事がしたいと申し出ました。すると親方は、険しい顔でいいました。

　「今日までの経験は、きっと楽しかったと思います。しかし、職人になるということはとても大変なことです。わたしは、盆栽の技術は厳しい徒

発見！ニッポン　海外で大人気の盆栽

　盆栽とは、おもに樹木を小さな鉢に植えて、自然の中に実際の木が立っているように再現することで、大自然の姿を感じとる、一種の芸術作品です。そこでは四季折々の変化や、自然の移り変わりを味わうことができるのです。

海外でこんなに人気があるなんて！

2012年、ポーランドで開催された国際博覧会。東京オリンピックや、1970年の日本万国博覧会が、海外での盆栽ブームの大きなきっかけとなりました。

　盆栽は、平安時代、中国から伝えられた「盆景」が始まりだといわれています。江戸時代には、高尚な趣味として武士の間で広まり、「盆栽」とよばれるようになりました。日本独自の文化として育まれてきましたが、高度経済成長のころから日本人の生活様式が変化し、愛好家の数は減る傾向にありました。

　近年、ヨーロッパをはじめ、アメリカ、韓国、中国など、海外で盆栽の人気が高まってきました。"BONSAI"は日本語がそのまま英語になっており、4年に一度世界大会が開かれるほか、あちこちで展示会やワークショップなどのイベントが行われています。またイタリアには、盆栽の大学や美術館もあります。

弟制度の中で身につけるものだと思っています。わたしは親方、あなたは弟子になるのです。今日までのようなつきあい方ではなくなります。それに耐えられますか？」

それでも、一度帰国したマニュエルさんは家族の反対を押しきって、盆栽職人の見習いとして、ふたたび日本にやってきました。2012年の春のことでした。

マニュエルさんの長い1日

盆栽職人の弟子となったマニュエルさんの1日は忙しいものです。朝7時半に出勤すると、配達されている新聞を取りこみ、会社の前の道路、作業場、キッチン、トイレの掃除をします。よごれていなくても掃除は欠かさない、それが決まりです。親方が出勤する時間までには全て終わっていなければなりません。また、商品である盆栽でいっぱいになっている庭の草むしり、地面に落ちた枝や葉の片づけ、これも弟子の日課です。さらに、来客にはきちんとあいさつし、お茶も入れます。徒弟制度の基本は掃除とあいさつなのです。

盆栽職人としての仕事の始まりは9時30分。お客さんから預かった盆栽の手入れや作品づくりなど、ランチの1時間をはさんで仕事は午後7時までですが、9時過ぎになることもめずらしくありません。時間がかかっても納得がいくまでやる、それがマニュエルさんのやり方です。

仕事も、親方がていねいに教えてくれるわけではありません。見て覚える、自分で気づく、それが基本です。そして、お小遣い以外に給料はありません。徒弟制度とは厳しいものです。でも、楽しい毎日だ、とマニュエルさんはいいます。

「スペインでは、お昼休みが長くて、のんびりできましたが、ここでは1時間だけです。慣れないうちは大変で、ホームシックになったこともありました。でも今は大丈夫。とにかく盆栽が大好きで、もっと覚えたいこと、やってみたいことがたくさんあるのです」

親方は、弟子の働きぶりを1、2か月みると、見込みがあるかどうかわかるのだそうです。マニュエルさんは親方の眼鏡にかない、「職人の素質あり」と認められたのです。

作品じまん

しっかりと針金が巻かれているね

小さいときにスペインで大事にしていた盆栽。子どもながら、工夫をこらして手入れをしていました。

アイテムチェック

松は銅線、雑木はアルミ線など、植物に合わせて、いろいろな種類や太さの針金を使います。また、枝、幹、根などの切る場所や、曲げる、切るなどの針金の扱い方によって、はさみも使い分けるのです。盆栽の世界では、外国でもはさみを"HASAMI"といいます。

マニュエル・メンドゥイニャさん × 盆栽

感性と技術の両方が大切

盆栽にはいろいろな技術があります。そのひとつに、「針金かけ」があります。木の枝に針金を巻くことで、短い期間で木の形を整える作業です。それによって、「古さ」を感じさせる盆栽に仕立てるのです。日本の文化の中でも、「質素さ」「古さ」は、「わび」「さび」として大切にされています。その「古さ」は、盆栽には欠かせないものです。時間が経つのをただ待つばかりではなく、自らつくり出すことも、盆栽の重要な技術なのです。

まず、針金をかける前に木の形をよく見て、将来こういう形の木にしたい、ここに枝をこう伸ばしたい、という構想をまとめます。それから作業に入ります。枝を曲げて針金をかけることで、自分が思った形に近づけることができます。また、あまり伸ばしたくない芽や枝に針金をかけると、成長を抑えることもできるのです。

そして時間が経って、樹皮に針金が少し食い込むようになったら、針金を取りはずします。形が

仕事の心意気
修業は大変ですが、いやになることはありません。学生と弟子は、そもそもちがうものだと思っています。何より、盆栽を好きだという気持ちが、わたしを強く支えてくれているのです。

きれいに決まらないときは、ふたたび針金をかけ直します。針金によって木がいたむのを防ぐために、前にかけたところに重ならないように針金を巻かなくてはいけません。自分の思った形にするという芸術的な感性、木をいためないよう正確に作業を行う技術、その両方が必要です。

↑手入れに集中するマニュエルさん。将来の形を想像しながら、葉を整えています。
←針金かけでつけられた跡。

発見!ニッポン 盆栽の種類

こんなに種類があるなんて知らなかった！

松柏盆栽

マツなどの常緑樹の盆栽。力強さが魅力です。

雑木盆栽

カエデなど紅葉する木の盆栽。四季の変化が楽しめます。

花物盆栽

ウメなど花の咲く木の盆栽。

実物盆栽

カリンなど実のなる木の盆栽。

草物盆栽

樹木ではなく、多年草・一年草・球根でつくられる盆栽。

盆栽は、木の種類によって大きく5つに分類することができます。また、樹木の高さによって小品(20センチ以下)、中品(20〜60センチ)、大品(60センチ以上)に分けられます。2000年ごろから、小品盆栽よりもさらに小さい、手のひらサイズの「ミニ盆栽」も登場しました。その手軽さとかわいらしさから、若い人たちを中心に人気が高まっています。

気分転換も自然の中で

盆栽職人の仕事には、気を抜くひまがありません。盆栽は、日当たりと風通しがいいところに置き、夜露に当てる必要があります。そのため屋外の、地面から80センチくらいの高さの台に置きます。台風などで天気が荒れる前には、被害を避けるためにすべての鉢を地面に下ろさなくてはなりません。これはかなりの重労働です。

水やりの回数も、鉢の大きさだけでなく、植物の生育の様子、季節によって調節します。必要に応じて、肥料も与えます。木の形を整えるために、枝を切ったり葉を摘んだりもします。年数が経ったら、鉢の土の通気性をよくするために、鉢替えも行わなければなりません。病気や害虫にも注意が必要です。

生き物相手の仕事ですから、あらゆることに気配りをしなければなりません。マニュエルさんはいつ、息抜きをしているのでしょう。

「わたしは修業の身ですから、原則的に休日はありません。でも、月に1、2回は休みをもらいます。天気のいいときには、自転車で出かけるんです。今いる日本平の景色も好きですが、三保の松原*1もお気に入りの場所です。植物相手の毎日ですが、それでもやはり、自然の多い場所に足が向きますね。そういう場所に行くと、幸せな気持ちになりますから」

手つかずの大自然に囲まれてリフレッシュすることで、マニュエルさんはふたたび、小さな盆栽への意欲をかきたてるのでしょうか。

仲間じまん

とても絆が深そうね

「苔聖園」の親方、漆畑信市さん。現在は息子さんが師匠となり、マニュエルさんを指導しています。

発見！ニッポン　盆栽の鑑賞の仕方

床の間に盆栽を飾るときには、主となるマツの盆栽のそばに、しばしば小さな「草物盆栽」が飾られます。これによって季節感も出て、空間にアクセントがつき、床の間の美しさが引き立ちます。マツの一枝は雲にも例えられます。床の間という空に浮かぶ雲です。小さくても大きさが感じられるもの、自然よりも自然らしく感じられるものが、美しいとされているのです。

すてき！

盆栽の各部名称

幹／枝／ジン／シャリ
●生きている部分　○枯れた部分

さらに、木の様子も楽しみましょう。力強さを感じさせる盛り上がった根、木の大きさを感じさせるがっしりとした幹、盆栽の輪郭ともいえる枝、季節によって印象が変わる葉など、美しさを感じるポイントはいくつもあります。また、「ジン」とよばれる枯れた枝先や、「シャリ」とよばれる枯れた幹は、緑の葉とのコントラストを楽しませてくれます。

---

*1 三保の松原 … 静岡県静岡市清水区の三保半島にあり、富士山が見える松林で有名。その美しい景観から、富士山の構成資産のひとつとして2013年にユネスコ世界文化遺産に登録された。

マニュエル・メンドゥイニャさん × 盆栽

自分にしかできない作品をつくりたい

職人の修業はお礼奉公の1年をふくめて最低5年ということです。ようやくその半分を終えたマニュエルさん。修業期間を終えたら、どんなことに挑戦するのでしょう。

「スペインに帰って、盆栽を教えて、そのすばらしさを伝えていきたいと思っています。そして、ヨーロッパ各地で行われる盆栽フェアなどで、デモンストレーションを披露できればうれしいです」

スペインには、マニュエルさんを応援してくれている、家族と婚約者が待っています。一度だけ、婚約者が会いに来てくれたこともありましたが、恋人は修業の妨げだ、と親方に注意されました。あとの2年半は、盆栽一筋で修業に専念しなければなりません。

マニュエルさんには、ほかにも夢があります。

「今は、お客さんの盆栽をお預かりして手入れをする仕事が多いのです。自分が手を入れた盆栽を、お客さんに気に入ってもらえるのはとてもうれしいのですが、手元から離れるのはちょっとさびしい。だから自分のために、自分らしさを表現した作品をつくるのが夢です。それも種やさし木から育てた木を使って、長い時間をかけた、完成度の高い作品を、です。名前もつけたいですね」

盆栽の生まれた国で、本格的な修業をつんだスペイン生まれの職人は、彼の感じた日本の文化を、どのように伝えていくのでしょう。マニュエルさんは、ヨーロッパ全土を舞台に、盆栽の教室を開こうと意気込んでいます。

もっと教えて！ マニュエルさん

Q 日本語で好きな言葉は何ですか？

A 「忍耐」です。自分が目指しているものは、簡単に到達できるものではありません。我慢して、一つひとつ身につけていくことが大事だと思っています

Q 日本人の好きなところを教えてください

A みんなで助け合うところ。例えば、スペインでは自分の仕事が終われば、ほかの人のことを気にせず帰ってしまいます。しかし日本では、忙しい人がいれば手伝う。それも、当たり前のように自然にやっている。すばらしいことだと思います

Q 日本で暮らしていて大変だと思うことは何ですか？

A 何でも「早い」ことです。仕事もていねいであればいいというだけではなく、スピードが要求されます。日常生活もみんな、忙しい。ときどき疲れてしまうことがあります。わたしがのんびり屋なのかなあ……

Q 子どもたちに伝えたいことはありますか？

A 盆栽は日本で生まれた文化であり、芸術です。でも、外国に比べて盆栽に興味をもつ若い人が少ないのは残念です。将来、日本から盆栽がなくなってしまうのではないかと心配になることがあります。自分の国の伝統文化や芸術に目を向け、大事にしてほしいと思います

ブライアン・ホワイトヘッドさん × 藍染め

> 日本の藍染めが持つ独特の色合い、絹の光沢、草木染めによる自然の色、どれもほかの国にはないものです。みんなにそのすばらしさを知ってもらいたいです

神奈川県・相模湖にほど近い、山あいの集落に暮らし始めて二十数年。藍染めと絹織物に魅せられたブライアンさんは、日本の文化と技術を海外に発信し続けています。山里のゆったりとした暮らしから生まれる、さまざま作品とともに、ブライアンさんの生活をご紹介しましょう。

profile

出身国：カナダ
生年：1964年
職業：藍染め職人
紹介：カナダの大学を卒業。学生時代から世界中を旅行し、1989年から日本に住む。神奈川県相模原市藤野（緑区）で藍染めを始める。現在は自宅で、作品の制作と藍染め体験教室を行うほか、海外でも展示会やワークショップを行っている。

ブライアン・ホワイトヘッドさん × 藍染め

自宅兼工房は里山の中

東京都心から1時間あまり、相模湖にほど近い山あいの集落には、古い農家が点在し、わずかな農地で野菜やお茶が栽培されています。

ブライアンさんの自宅兼工房は、150年前のの民家。1階で生活し、2階から上では蚕を育てるようにつくられた、古い養蚕*¹農家なのです。1階には藍染めのエプロンやカバンなど、ブライアンさんの作品が数多く飾られ、機織り機や組ひもをつくる特殊な機械も、所せましと並んでいます。2階の蚕棚では、今もブライアンさんが蚕を育てています。玄関前には、藍染めになくてはならない、どろりとした染液の入った大きな藍がめ。

「まるでミュージアムみたいですよね。材料から作品まで、全部がここにあります。こんな山の中に、世界各国からたくさんの外国人が来ています。藍染めの作業をはじめから終わりまでやってみたい、普通の日本の生活を体験したい、そう思ってのことです」。ブライアンさんは愛犬のモモとガイガーを、かわるがわるなでてやりました。東日本大震災で飼い主とはぐれた彼らは、今ではブライアンさんの家族です。

「どんなものでも、自分の手でつくるのがいい。材料も道具も自分でつくってこそ、美しいものができると思います」とブライアンさん。

藍染めとの出会い

ブライアンさんが日本に来たのは1989年、しばらくは東京に住んでいました。

「東京は便利で刺激的な町だったけど、人間の住む環境ではないと感じていました。子どものころから絵を描くのが好きで、画家になりたかったんです。でも、それで生活するのはむずかしい。そこで興味があった染物の技術を磨くことにしました。絵で表現するより、技術で勝負する職人がいいと思ったんです。本格的な勉強をインドネシアで始める直前に、この家を見つけて。蔵まであったからびっくりしました」

作品じまん

植物の種類によって糸の色がちがうのはもちろんのこと、蚕の種類によって、その感触なども変わります。

微妙に色がちがう糸を織ることで、次々と新しい色をもつ織物が生まれます。

きれいな色！

↑ ブライアンさんの自宅兼工房。家のまわりの植物や野菜の皮が、染物の材料になることも。

→ 2階の工房にある機織り機は一部、ブライアンさんの手づくりです。「昔の人は、全部自分でつくっていたからね」。

*1 養蚕…育てた蚕に繭をつくらせ、そこから生糸(絹)を取ること。絹織物などはこの生糸からつくられる。

藤野に住んではじめて、昔から藍染めや養蚕がさかんだった土地と知りました。

「藍染めをするのは日本だけじゃない。でも、日本の藍染めは工程が複雑で、それだけに独特の魅力があります。やるならここで、徹底的にやろうと思ったんです」。まず畑をつくり、藍の種をまいて育てました。さらに工房に通って、6年かけてみっちりと藍染めを学びました。「一から十まで自分の手で、何もかもつくり上げてみたかったんです」とブライアンさんは語ります。

手間のかかる藍染め

藍染めは、藍という植物の繊維から抽出された液で布を染めたものです。藍の色素はそのままでは水に溶けません。そのため藍の葉を乾燥・発酵させ、水に溶けるようにしてから使います。東南アジアなどでも行われている藍染めですが、日本で使う「蓼藍」という植物の場合は、2回の発酵が必要です。染料をつくるだけで半年以上もかかる、大変な作業です。

こうしてできあがった染料に布をつけて染め、空気にさらすと、酸化によって独特の色がでます。最初は緑色、そして藍色になります。この「つける」「さらす」という作業のくり返しで、目的にかなった染め具合になるのですが、それが判断できるのは、充分な経験をつんだ職人だけなのです。

「着るものか、インテリアか……。何に使うかによって、さらす時間や回数を変えるんです。思った通りの色になると、やっぱりうれしいね」とブライアンさん。

藍は漢方薬として、中国から伝えられたといいます。染め方もいろいろ。布を織って締めたり、糸でしばったりして模様をつける「しぼり染め」、型紙の切りぬいた部分に模様が出るようにした「型染め」など、初心者にもできるものから、熟練の技術が必要なものまでさまざまです。

染料には、藍のほかにアカネの根、若い柿の実からとった柿渋なども使われます。草木染めです。どちらも独特の赤い色が出るのです。

> **仕事の心意気**
> 自由にやること、そして、楽しんでやること。誰でも、好きで楽しいことはずっと続けることができるでしょう？ そうして手間をかけるほど、作品に味がでるんだ。

どんな仕上がりになるのかな？

↑ かめの中の染液に、布をつけるブライアンさん。はじめは淡い緑色だった布も、空気にさらして酸化させ、藍染め液に再びつけるという作業を繰り返すうちに、やがて深い藍色へと変化していきます。

↑ 干したアカネの根。赤色の染料になります。

↑ アカネの染料で模様が描かれたはっぴ。

ブライアン・ホワイトヘッドさん × 藍染め

地域に根ざしたものをつくる

藍染めの技術を学んだブライアンさん、次に絹織物にも挑戦しました。地元のおばあちゃんが、自分で生産した絹糸から織物をつくっていると聞いて、さっそく訪ねていきました。日本語が下手で、最初は相手にされません。けれど熱心なブライアンさんに根負けして、だんだんといろいろなことを教えてくれるようになりました。

ブライアンさんは絹を織るため、おばあちゃんと同じように、糸の材料となる蚕を飼うことにしました。蚕は大量の桑の葉を食べます。それも新鮮なものでないと、良質な絹糸が取れません。ブライアンさんは蚕のエサとして、桑もつくり始めました。自宅のまわりにある茶畑を、昔のように、蚕を飼うための桑畑にしたのです。

「最初はもっとたくさん蚕を育てていましたが、今は3000匹くらい。これで1反分（はば約40センチ、長さ約12メートル。およそ着物一着分）の織物がつくれます」

畑で桑を育て、蚕を飼い、糸を取って、それを織って布にする。そうして、手縫いの服をつくる。全て自分の手で行います。

「昔は原料でも道具でも、全部自分たちでつくっていました。だから美しかったと思います」とブライアンさん。「ものづくりは好きでした。お気に入りの中古車を、自分で修理していたこともありました」。ブライアンさんは、もともとかなり器用だったのです。

ここ藤野では、近所の人たちに、機織りを教えていたこともあります。本格的な機織りの機械は大きくて、それぞれの家には置けません。そのためブライアンさんは、簡単で小さな機織り機を、工夫してつくってあげました。

「藍染めも絹織物も、この土地で生まれて、育まれてきました。技術や文化は、地域に根ざして発展するものです。藍染めでも絹織物でも、仕事のときはいつも、それを意識しています。地域の人とのコミュニケーションが大事なんです」

発見！ニッポン

いろいろな染め方

染め方はさまざまありますが、ここでは代表的な「しぼり染め」と「型染め」の一例を紹介します。

しぼり染め
長方形になるようにびょうぶ折りをします。 → 三角形になるようにびょうぶ折りをします。 → 輪ゴムや糸でしっかりと縛ります。 → 染色の後、輪ゴムや糸をほどいて完成。

型染め
型紙に染めたい模様を描き、くり抜きます。 → 柄を入れたい場所に型紙を置き、のりを乗せます。 → 型を外し、しばらく乾燥させます。 → 染色の後、のりを落として完成。

日本を体験できる場所

　春と秋、ブライアンさんの家は大にぎわい。藍染めに関心のある人たちが、体験ツアーで世界中から訪れるからです。約10日間、ここで生活しながら藍染めをし、作品をつくります。日本人でもあまり経験のない藍染めは大人気。カナダからやってきた女性はこういいます。

　「西洋の人間にとって、日本の文化は神秘的。藍染めを自分でやってみてはじめて、その美しさがよくわかりました」

　この日の昼食はうどんとコロッケ。食事の支度もみんなで手伝います。きちんと食器が並べられた食卓に正座して、日本式に「いただきます」。食後は、ブライアンさんが栽培した日本茶を楽しみます。

　朝6時半に起きて、食事以外、ほとんど一日中作業をします。体験ツアーとはいえ、なかなか忙しいスケジュールです。しかし、訪れた女性はこういいます。

　「手仕事をしていると、気持ちがリフレッシュしていきます。美しいものに触れていると、休む間も惜しくなるんですよ」

　「日本の文化や伝統に興味がある外国人は多いけど、みんなどこへ行けばいいのかわからない。ここで日本の暮らしを体験しながら、藍染めや織物に気軽に触れてもらえればと思っています」。ブライアンさんはさり気なくいいました。

↑ スウェーデンから体験に来た親子。ブライアンさんは「かめの中にヘビがいるから気をつけな」と冗談も。

布の模様に、つくる人の性格が出るみたい！

↑ 仕上がりは、布を広げるまでわかりません。広げるたびに「ワオ！」と歓声が上がりました。

発見！ニッポン　日本の生糸産業

　2014年、群馬県の富岡製糸場が世界文化遺産に登録されました。富岡製糸場は明治時代につくられた近代的な製糸工場です。関東・中部地方では、生糸をつくる養蚕業はもともとさかんでしたが、開国した江戸時代の終わりからは、国の主要な輸出品として、さらに増産されました。しかし品質が悪かったので、明治政府はその改善策としてフランス人技師を迎えて、近代的な製糸工場をつくることになったのです。

　そのころ、ヨーロッパでは蚕の病気が流行して生糸の生産が減少したこともあり、品質を向上させた日本の生糸が大量に生産されて、世界へと輸出されていきました。

　しかし、化学繊維の普及などにより、第二次世界大戦後、生糸の需要は極端に減少してゆくのです。

富岡製糸場東繭倉庫と内部。ずらりと操糸器が並んでいる。1987年に操業が停止された後も、「貸さない、売らない、壊さない」をモットーに、建造物は20年以上も維持・管理されていました。

画像提供　富岡市・富岡製糸場

ブライアン・ホワイトヘッドさん × 藍染め

自分にしかできない作品づくり

ブライアンさんは、カナダ、アメリカをはじめ、いろいろな国で、展示会やワークショップなどを開催しています。

「アメリカやヨーロッパでは、木の家に住むとか、農薬を使わない野菜を食べるとか、天然繊維のものを着るとか、衣・食・住のいろいろな分野で自然志向が強くなっているので、みんな藍染めへの関心も高いです。販売する作品が足りないときもあるくらい。外国の人たちは、日本人よりも、日本のものづくりのレベルの高さを知っていますからね」

日本の技術や文化を世界に発信するブライアンさん、これからはどんな作品をつくるのでしょう。

「ここに住み始めたころは、覚えること、やることがたくさんあって、とても忙しかった。高い技術を持っている人たちが高齢で時間がないと思い、とにかく学ぶことに夢中でした。これからは藍染めだけではなく、アカネとか、ほかの植物で草木染めをしたものを組み合わせ、僕にしかできない作品をつくってみたいです」。それに、とブライアンさんはいたずらっぽく笑いました。「僕は、生まれついての旅人。これまで学んだいろいろな経験を生かして、新しい作品を新しい土地でつくってみたいです。今度は山ではなくて、海辺もいいですね」。

自分の手で一から十までつくる、ブライアンさんの探求は、まだ始まったばかりなのです。

もっと教えて！ブライアンさん

Q 里山の暮らしは好きですか？

A 好きというよりも、これが当たり前という感じ。カナダの街中で生まれ育ったけど、海外から今の自宅に戻るとほっとするね。でも、家に仕事が待っているときは、やっぱり気が重いかなあ

Q 日本や日本人に望むことを教えてください

A 日本には高い技術と文化があることを忘れてほしくない。長い間続いてきたものには、それなりに意味があると思うから。便利さや効率ばかりを優先していると、しばらく経ったときに、日本から日本らしさがなくなってしまうよ

Q 子どもたちに伝えたいことはありますか？

A 自分の好きなことを見つけること。まわりの人たちと同じ生き方をする必要はない。自分が自分らしくいられる場所を見つけられるといいね

キム・ハヨンさん × 日本料理

食材をきざむ包丁の音、鍋から上がる湯気、手順を指導する先生の声。
若い男性が多い調理実習室で、真剣なまなざしで日本料理に取り組むハヨンさん。
ハヨンさんは日本料理のどんなところに、魅力を感じているのでしょう。

profile

- 出身国：韓国
- 生年：1979年
- 職業：日本料理を勉強中
- 紹介：小さいころから食べることが大好き。20歳のとき、日本に語学留学。帰国してデザイン専門学校を卒業後、会社勤めを経て、フランス料理の学校に入学・卒業。2012年、再来日し、調理師専門学校で日本料理を勉強している。

> 日本料理の美しさ、おいしさ、そしてヘルシーなところにひかれました。
> 「だし」は日本の宝です

キム・ハヨンさん × 日本料理

「食」のレベルが高い国、日本

ソウルで生まれ育ったハヨンさんは、絵を描くこと、食べること、その二つが大好きな少女でした。外で食事をしておいしいものに出会うと、自分もつくりたい、自分だったらこんなふうにしたいと、料理に興味をもつようになっていました。

ハヨンさんはまず、小さいころから好きだった美術の仕事につこうと、デザイン専門学校に。でも、大好きだったもう一つのこと、料理が忘れられませんでした。そこで思い切って、フランス料理の学校で勉強することにしました。シェフとしての基礎を学ぶ中で、ふとハヨンさんの心によぎったのが、20歳のころに語学留学した、日本で食べた食事だったのです。

「日本で食べたものは、どれもおいしかったです。外食はもちろん、家庭料理もコンビニで売っているパンさえも、レベルが高いと思いました。子どものころから大好きだったオムライスも、西洋料理だと思っていましたが、日本生まれだったんですね。外国の料理をアレンジして、日本人の口に合わせる工夫も、すばらしかったです」

日本人の、食べ物への強いこだわりも印象的でした。「本格的に料理を勉強するには、日本料理を知らなくてはならない」。フランス料理の学校を卒業すると、ハヨンさんは家族の猛反対を押しきって、日本料理を学ぶため、ふたたび日本にやってきたのです。

日本料理の決め手は「だし」

季節感があり、素材を生かした味つけで、見た目も美しい日本料理。何よりも、ハヨンさんを一番ひきつけたのは「だし」でした。

韓国料理にもフランス料理にも、だしはあります。韓国料理では、煮干しのような小魚と干した海老を、食材といっしょに長い時間煮込んで、そのおいしさをしみこませます。フランス料理では、かたまり肉や野菜、ハーブなどを使います。どれも時間がかかるものですが、日本のだしは昆布とかつおぶしで簡単にとれます。それなのに、とてもおいしいのです。ハヨンさんは、だしが基本の日本料理をマスターしたい、しなければならないと思うようになりました。

和食は世界遺産

2013年12月、ユネスコ（国際連合教育科学文化機関）は、「和食」を無形文化遺産に登録しました。無形文化遺産とは、その土地の歴史や生活と関係が深い文化を保護しようというもので、食に関するものでは世界で5件目です。

これは、「和食」が単なる食事ではなくひとつの文化であり、自然を尊重する日本人の心を表現したもので、伝統的な社会慣習として、世代を越えて受け継がれていることが評価されたものです。

和食の特徴としては、四季の食材の持ち味を生かした調理法が用いられていること、一汁三菜[*1]を基本とした栄養バランスに優れた健康的な献立であること、年中行事などを通して家族や地域の絆を深めてきたことなどがあげられます。

おかずがハンバーグだけとかは、だめなんだね。今日の晩ごはんから僕も一汁三菜だ！

*1 一汁三菜 … 主食のごはんに、汁もの一つとおかず三品をそえること。

料理を学ぶのに最適な場所

　東京の代々木駅に近い調理師専門学校。ハヨンさんはこの学校で、2年制のコースに通っています。1年目は日本料理・中華料理・西洋料理の基本と、栄養学や食品衛生学などを学びました。現在は2年目で、日本料理に専門をしぼって学んでいます。月曜日から金曜日まで毎日授業があり、実習も週に2日。そのほか、お店を出すための経営学についても学んでいます。

　家に帰ると食事をつくります。学校で習ったことの復習にもなるので、ときには食材を変えていろいろ試してみます。時間があるときは、お店の食べ歩きもします。日本料理に限らず、ほかのジャンルの料理も食べて、自分の料理に生かすヒントを見つけようと、日々努力しています。

　「日本と韓国は文化が似ているからでしょうか、特に忙しいとは感じません。料理に飽きることもないです。日本はわたしにとって、料理を学ぶのに最適な場所なのかもしれません」

お造りはすばらしい

　火曜日の午後は実習です。焼き物、椀物、煮物など、一つの献立を5、6人のグループで1時間半で仕上げます。一つひとつの料理をきちんとつくることはもちろん大切ですが、プロになるにはいくつかの作業を同時に進めて、時間内につくることも求められます。下ごしらえから調理、盛りつけにいたるまで、勉強することはたくさんあります。この実習は、ハヨンさんがもっとも集中する時間です。

　さて、日本料理の中でも、ハヨンさんが一番すばらしいと思うものは、何なのでしょうか。

　「お造り、つまりお刺身ですね。韓国にもお刺身はありますが、魚の種類は日本のほうが圧倒的に多いです。新鮮であればいいというわけではなく、種類によってさばき方を変え、季節感を意識して盛りつけ、お皿も注意を払って選びます。ちょうど、食材でお皿に絵を描くみたいです」と、お絵かきが大好きだった少女に戻ったかのような笑顔で、ハヨンさんはいいました。

← 魚に包丁を入れるハヨンさん。このときの切り方が、刺身の味を左右するので、真剣です。

アイテムチェック

出刃　柳刃　薄刃

日本料理では魚をさばくとき、飾りなどの細工切りをするときなど、目的によって、いろいろな包丁を使い分けます。特に出刃、柳刃、薄刃の3種類をよく使います。

仲間じまん

実習で同じグループの仲間たち。みんなで協力し合って作業します。韓国から来ている人もいるので、母国語で話せる楽しい時間でもあります。

キム・ハヨンさん × 日本料理

あっとおどろくような創作料理を

2013年、ハヨンさんは外国人のための日本料理の大会、「和食ワールドチャレンジ」に参加しました。本格的に日本料理を勉強し始めてまだ半年。自信がなく、担任の先生にも内緒で応募したのです。そこで、ハヨンさんがつくったオリジナル料理は「甘鯛をのせたお茶漬け」。優勝は逃しましたが、応募した106人の中で、最終審査の10人に残ることができました。

「後で先生に報告したら、とても喜んでくださいました。本当にいい勉強になりました。『わたしのつくった料理で誰かが喜んでくれれば』、そんな気持ちが前よりもっと強くなりました」

ハヨンさんの夢は、自分のお店を開くこと。メニューは懐石料理のような高級なものではなく、誰もが気軽に食べられる料理にするつもりです。勉強したフランス料理を生かしたメニューも考えています。

「それに、今はあらためて韓国の料理を勉強したいと思っています。韓国料理というと焼き肉とキムチと思いがちですが、すばらしい宮廷料理というものがあります。子どものころから当たり前のように食べてきた自分の国の料理に、もう一度向き合いたいと考えています」

韓国も日本食ブームで、和食のレストランが増えましたが、本格的な日本料理のお店は、まだ少ないそうです。

「将来は、日本料理の伝統的な基本はしっかりと受け継ぎつつ、日本人や韓国人があっとおどろくような斬新な創作料理をつくってみたいと思っています」

料理じまん

「和食ワールドチャレンジ2013」の最終選考で、審査員に「甘鯛をのせたお茶漬け」をふるまうハヨンさん。この大会への参加が、ハヨンさんの大きな自信につながりました。

発見！ニッポン 食べることを学ぼう

「いただきます」「ごちそうさま」は、日本にしかないあいさつなんだね

近年、「食べること」の大切さが見直され、算数や国語と同じように、学ぶべき科目のひとつと考えられるようになりました。栄養やマナー、文化や経済など、食事に含まれるさまざまな要素を学ぶことは「食育」とよばれ、大きく3つのテーマに分かれています。

食品・食材を選べるようになろう

「旬の食べ物は何？」
「食品ラベルって、どうやって見るの？」
自分の力で、安全でおいしい食べ物を選びましょう。

食事のマナーを身につけよう

あいさつや作法を身につけましょう。家族や友達と話をしながら、楽しく食事をすることも大切です。

世界の食について考えよう

世界には食べ物が不足している国も、たくさんあります。その一方、日本ではレストランなどの食べ残しが、大量に食品廃棄物となっています。食事をめぐる世界と日本の関係を見つめ直しましょう。

きちんとつくる、心をこめてつくる

「日本では『食育』が注目されていますが、正しく食べる習慣は、本当に大切だと思います」

家庭料理は食事の基本で、マナーもそこで自然に身につきます。それに、子どものころに食べた、料理の味や食卓の思い出は消えません。

「レストランの料理も家庭料理も、基本は同じ。気持ちをこめて、きちんとつくることだと思います。心のこもった料理は、食べる人の気持ちを豊かにしてくれるものですよね」

フランス料理の学校を卒業したとき、ハヨンさんは家族にフルコースをふるまおうとしました。前の晩から仕込み、翌日も長い時間がかかりました。するとお母さんはいいました。「そんなに大変なら、料理をしないでゆっくり休みなさい。気持ちだけで十分だから」。ハヨンさんを気づかってのことでした。今、勉強中の日本料理。今度は、もっと短い時間でおいしい食事が出せるかな。ハヨンさんのつくる素敵な盛りつけの和食に、最初にあっとおどろくのは、ふるさとの家族なのかもしれません。

> **仕事の心意気**
> 気持ちをこめてきちんとつくること。心のこもった料理は食べる人の気持ちを豊かにしてくれます。例えばゆずの皮を料理に飾るとき、格好をつけてたくさん乗せるのではなく、食べる人がほのかな香りを楽しめるよう、わずかな量にとどめておくのです。

もっと教えて！ハヨンさん

Q 好きな日本料理は何ですか？

A 鱧のお造りです。鱧は夏の魚で、梅肉でさっぱりとした味付けでいただきます。小骨の多い魚なので、「骨切り」といって、1ミリより狭い間隔で、包丁を入れていきます。そうすると、骨が気にならず、食べられます。身を切り離さないように包丁を入れるのが、むずかしいんですよ

Q 日本人の好きなところや嫌いなところを教えてください

A 好き嫌いというのではなく、ちがうなとは思います。日本人は、思ったことをすぐ口に出す人が少ないです。韓国人は一言でいうと、もっと短気です。好きとか嫌いとかいうのは、国とは関係なく、個人的なことだと思います

Q 日本で受けたカルチャーショックはありますか？

A 同じアジアで、まして隣りの国ですから、困ることはほとんどありませんでした。多分、日本人が韓国で暮らしても、あまり違和感はないと思いますよ

Q 子どもたちに伝えたいことはありますか？

A 毎日食べているから気づかないかもしれませんが、和食はすばらしい食文化で、わたしたち外国人から見ると、とてもうらやましいです。誇りをもって、そして感謝の気持ちをもって、食べてほしいと思います

ニッポンに恋した外国人

コンドルが設計した鹿鳴館は、日本が近代国家であることを世界に示す、重要な意味があったのね

ジョサイア・コンドル
1852〜1920年

　1852年、イギリスのロンドンで生まれたコンドルは、ロンドン大学で建築学を学び、24歳のときには建築界の新人賞を受賞するなど、優秀な建築家として将来を期待される存在でした。その翌年、コンドルは明治政府に工部大学校造家学科（東京大学工学部建築学科の前身）の教官として招かれ、来日しました。彼がこの依頼に応じたのは、もともと日本や日本の文化に興味があったからです。

　西欧諸国に追いつき、対等な立場でさまざまな交渉を行いたいと考えていた明治政府は、コンドルに外国の賓客をもてなすための社交場の設計を依頼しました。そうして完成したのが、鹿鳴館です。ルネッサンス風の建築様式に東洋的な要素を加えた鹿鳴館では、夜になると華やかなパーティーが開かれ、「鹿鳴館時代」といわれるほど、一世を風靡しました。

　コンドルは、東京大学の校舎、旧海軍省本館をはじめ、三井・三菱など財閥の建物や邸宅を設計し、西洋建築に日本の文化を融合させた、多くの建築物を生み出しました。赤いレンガが特徴の、日本ではじめての近代的なオフィス街・丸の内も、コンドルと彼の教え子による設計です。

　「コンドル先生」は36歳で大学を辞めますが、彼が教えた学生の中から、東京駅を設計した辰野金吾、赤坂迎賓館を設計した片山東熊など、日本の近代建築の基礎を築いた多くの建築家が巣立っていきました。日本文化をこよなく愛したコンドルは、日本舞踊の師匠だったくめと結婚、河鍋暁斎＊1の弟子となって日本画もきわめました。また、生け花や日本庭園も研究し、そのすばらしさを海外に紹介しました。奥さんの死後わずか10日で亡くなったコンドルは、日本を離れることなく、今も東京・護国寺に眠っています。

→ 現存する数少ないコンドルの作品のひとつ、旧古河庭園の洋館と西洋庭園。1917年、コンドルの死の3年前に古河財閥の邸宅としてつくられました。現在でもバラの季節には多くの人たちが訪れます。

＊1　河鍋暁斎（1831〜1889）…幕末から明治時代にかけて活躍した絵師。浮世絵、大和絵、錦絵などを幅広くきわめ、戯画や風刺画で人気を集めた。海外でも高い人気を誇る。

フィリップ・ハーパーさん × 日本酒(にほんしゅ)

酒(さけ)づくりには微生物(びせいぶつ)の力(ちから)が欠(か)かせません。しかし、もっとも大切(たいせつ)なのは、酒蔵(さかぐら)で働(はたら)く人々(ひとびと)のチームワークです

日本酒(にほんしゅ)をつくる最高責任者(さいこうせきにんしゃ)である「杜氏(とうじ)」。
イギリス人(じん)のフィリップさんは、
はじめての外国人杜氏(がいこくじんとうじ)として、
これまでにない個性的(こせいてき)な酒(さけ)づくりに挑(いど)んでいます。
また、国内外(こくないがい)での講演会(こうえんかい)やイベントに参加(さんか)し、
日本酒(にほんしゅ)の魅力(みりょく)を伝(つた)える活動(かつどう)にも
積極的(せっきょくてき)に取(と)り組(く)んでいます。

profile
出身国(しゅっしんこく)：イギリス
生年(せいねん)：1966年(ねん)
職業(しょくぎょう)：杜氏(とうじ)
紹介(しょうかい)：オックスフォード大学(だいがく)で文学(ぶんがく)を学(まな)んだ後(あと)、1988年(ねん)に英語教師(えいごきょうし)として来日(らいにち)。1991年(ねん)から奈良(なら)の酒造会社(しゅぞうがいしゃ)で蔵人(くらびと)として10年間勤務(ねんかんきんむ)。2001年(ねん)に大阪(おおさか)の酒蔵(さかぐら)に移(うつ)り、蔵人(くらびと)・杜氏(とうじ)を経験(けいけん)。その後(ご)、2007年(ねん)より、京都府京丹後市(きょうとふきょうたんごし)の木下酒造(きのしたしゅぞう)で杜氏(とうじ)を務(つと)める。

フィリップ・ハーパーさん × 日本酒

日本酒の魅力にふれて

日本酒とは、米と水が原料の、日本独自のお酒のことです。その歴史は、稲作が日本に伝わった縄文時代末にまでさかのぼるといわれています。無色透明なものが多いですが、もともとは山吹色で、熟成すると黄金色になったり、しょう油のような色になったりします。また、辛口、甘口とあり、フルーツのような味から、深みのある味まで、いろいろな種類があります。

この日本酒に魅せられて、酒づくりの修業を始めたのが、イギリス出身のフィリップ・ハーパーさんです。20年以上の経験をつんだ今、京都府の酒造会社で日本初、そしてただ一人の外国人杜氏として活躍しています。

もともとはイギリスの大学で文学の勉強をしていたのですが、卒業後、日本で英語教師となる試験に合格、1988年に来日しました。

「日本語も日本の歴史も、全く知りませんでした。でも、昔から好奇心が強く、外国で生活をしながら、自分の知らない文化にふれてみたいと思っていたのです」

大阪の高校で英語を教えていたある日、日本の友人の勧めで出会ったのが、日本酒でした。

「味はもちろんですが、世界的にも珍しい『燗』（お酒を熱くして飲む）という習慣や、『とっくり』と『ちょこ』という独特の器を使うのも面白いと思いました。お互いにお酌をする（お酒をつぐ）ことで、相手との距離がぐっと縮まるのも、とても楽しいことでした」

微生物と日本酒の関係

英語教師として、2年の任期を終えるころには、フィリップさんは「このまま日本に残って、日本酒に関わる仕事をしたい」と思うようになりました。そして、昼は英会話教室、夜は全国の日本酒がそろった居酒屋で働き始めました。

⬆ 来日当時、20代前半のフィリップさん。日本酒の魅力を教えてくれた日本の友人といっしょに。

⬆ 日本酒には「酒米」という米を使います。左がその玄米、右が精米後の白米。白米は、澄んだ味のお酒をつくるために、玄米を磨いて40％も削り落としています。

発見！ニッポン

杜氏って何？

杜氏とは、蔵人を率いて酒づくりの全ての工程を指揮する責任者です。1年の仕事は、蔵元（社長）と相談しながら酒造計画を立て、つくるお酒の種類や量などを決定することから始まります。そこから必要な米の品種や数量を的確に計算し、農家に米の発注を行います。

酒づくりのプロであることはもちろんですが、原料や出荷量を調整する計算力、チームを動かす統率力、米の不作など、予想外の状況にもすばやく対応できる判断力など、総合的な力が必要とされる仕事です。

「どの日本酒も、それぞれまったく味が異なるのが不思議でした。居酒屋では、100種類以上もの日本酒を、味見させてもらいました」

こうしてフィリップさんは、教科書や世間の評判に頼ることなく、自分の目や舌で、日本酒の勉強に励んだのです。また、友人が働く奈良の酒造会社を何度も訪れ、酒づくりの知識も学びました。

「水の中にただ米を入れるだけでは、米がくさってしまい、お酒にはなりません。でも、『微生物』の力を借りると、おいしいお酒に変化するのです」

人間の眼には見えない小さな「微生物」。ジメジメした場所に生えるカビ、腸の中にいるビフィズス菌もその仲間です。日本酒づくりでは、蒸した米に「こうじ菌」や「酵母」という微生物を加

発見！ニッポン 日本酒ができるまで

日本酒をつくるにはいろいろな方法がありますが、ここでは一般的な方法を紹介します。

①精米 玄米から、脂肪やタンパク質などを多くふくむ米の外側部分を、必要に応じて削り取る。

②洗米・浸漬 精米した米を水で洗い、表面についたよごれを落とす。また、米に水分をふくませるため、水につけておく。

③米蒸し 甑とよばれる大きな蒸し釜で米を蒸す。この米を蒸米という。

④こうじづくり 蒸した米にこうじ菌の胞子をふりかけ、約2日間かけて「こうじ」に育てていく。

⑤酒母づくり 蒸した米・こうじ・水をタンクに入れ、混ぜ合わせる。そこに酵母を加え、お酒のもとになる「酒母」づくりを行う。現代的な酒母づくりでは、不要な微生物の増殖を抑えるために、醸造用乳酸を加える場合もある。

⑥仕込み 酒母を大きな発酵タンクに移し、蒸した米・こうじ・水を3日に分けて段階的に加え、日を追って仕込みを行う。この状態を「もろみ」とよび、温度管理をしながら発酵が進むのを待つ。発酵が終わるまで、約20～40日間かかる。

⑦搾り もろみを搾り、液体（お酒）と固体（酒かす）に分ける。搾ってすぐのお酒は少しにごりがあるため、静置・ろ過を行う場合もある。

⑧火入れ・貯蔵 微生物の働きを止めるために、お酒を約65℃まで加熱する。これを「火入れ」という。貯蔵タンクに移し、出荷まで熟成させる。

⑨ビンづめ・出荷 ビンづめを行うときに、もう一度火入れをして出荷する。

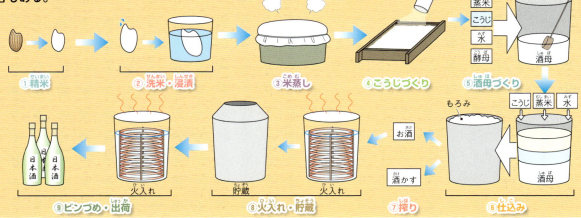

フィリップ・ハーパーさん × 日本酒

えます。それが米を分解して、「アルコール」というお酒の成分を生み出します。こうした働きを「発酵」といいます。みそやしょう油、納豆は大豆を、チーズは牛乳を、パンは小麦粉などを発酵させたもの。経験と勘を頼りに、人々はいろいろな食べ物を発酵によってつくってきました。「どんな微生物がどんな働きをするかが、とても大事です」とフィリップさん。発酵を抜きにして、日本酒は語れないのです。

外国人初の杜氏を目指して

フィリップさんによると、酒づくりには古い言葉がたくさん残っているそうです。工場は「酒蔵」、お酒をつくる人は「蔵人」とよばれます。そして蔵人を率いて、全体の指揮をするリーダーが「杜氏」です。また、「一升（約1.8リットル）」や「一石（約180リットル）」など、古くからある単位を用いますし、精米することを「米を磨く」というのも独特の表現です。

酒づくりは、悪い菌が増えるのをさけるため、10月から3月にかけての、気温が低い時期に行われます。そのため、かつての杜氏と蔵人は、米農家の人が農閑期*1に出稼ぎで行っていました。まさに、米づくりのプロによる仕事だったのです。

フィリップさんは日本に来て3年後に、奈良の酒蔵で働き始めましたが、最初は「外国人だからすぐに辞めるだろう」と思われていたそうです。半年もの間、真夜中や夜明け前にも、暖房のない酒蔵で力仕事をする厳しい生活ですから、無理もないことです。しかし、彼の熱意は本物でした。10年かけてじっくり修業をした後、大阪の酒蔵を経て、2007年には江戸時代から続く「木下酒造」の杜氏として迎えられました。

おいしいお酒が生まれる秘密

酒づくりは、大量の米を農家から仕入れ、精米するところから始まります。その後、米を洗って蒸したり、こうじ菌や酵母を育てたり、原料をタンクに入れて発酵させたりと、さまざまな工程が複雑にからみ合っています。大きなタンクの中でブクブクと泡を出しながら発酵する様子は、まさに生き物のようです。

アイテムチェック

とんぼ差し

微生物を扱う酒蔵では、温度管理がもっとも重要です。そのため、あちこちに大きな温度計が設置されています。T字型の棒は「とんぼ差し」とよばれ、タンク内の酒量を量る道具です。タンクの上に横棒を渡して使います。

*1 **農閑期**…農業がひまな時期のこと。忙しい時期は農繁期という。

酒蔵の頼れるリーダーなんだね。かっこいい！

⬆ フィリップさんが持っているのは「櫂」とよばれ、タンクに仕込んだ材料をかき混ぜる道具。背丈より長く、使いこなすにはかなりの力が必要です。

大きな「櫂」でかき混ぜながら、フィリップさんは毎朝、しっかりと発酵する様子を見守ります。「杜氏」として、責任者であるフィリップさんは、酒づくりを行う半年間、一日も休みを取りません。

いいお酒をつくる秘訣とは何でしょう？「蔵人たちのチームワークですよ」と、フィリップさんは答えてくれました。

「先輩の杜氏は、いつも『和醸良酒』といっていました。『いいお酒は、蔵人たちの和によって生まれる』という意味です。わたしたちが仲よく、スムーズに動いていると、眼に見えない微生物も、いい働きをしてくれます。でも、わたしたちの仲が悪くなると、とたんに失敗するのです。不思議なのですが、本当の話なんですよ」

毎年同じ品種の米を使っても、年ごとに粒の大きさや水分量が異なるため、一度として同じ酒づくりはないといいます。それだけに、チームワークはとても重要なのです。

新しい日本酒への挑戦

フィリップさんが木下酒造にやってきたのは、

仕事の心意気

「和醸良酒」という言葉があります。いいお酒は、蔵人たちの和によって生まれるということ。蔵人同士仲よく働いていると、微生物もいい働きをしてくれるのです。

前の杜氏が病気で亡くなったことがきっかけでした。突然のことに社長は困り果て、酒蔵を閉める決意もしたそうです。しかし、ある人の紹介でフィリップさんと出会い、「今までにないお酒をつくろう！」と意気投合。二人の挑戦が始まりました。

特に力を入れているのが、「自然仕込み」とい

⬆ フィリップさんが働く木下酒造は、江戸時代後期に創業した歴史ある酒蔵です。当時の貴重な土壁の蔵が、今も残っています。

作品じまん

フィリップさんがつくっているお酒。左の「人喰い岩」は、酒蔵から見える岩の名前を付けたそう。中央と右は「タイムマシン」。ラベルもお酒の特色をアピールする大切な要素です。

発見！ニッポン 杜氏になるには

杜氏になるために必要な資格はありません。しかしお酒の特性を理解し、酒づくりの全ての工程を指揮するだけの経験が必要とされます。また、厚生労働省認定の酒造技能検定などで、自分の実力を試すこともできます。近年は、女性の杜氏も各地で誕生しています。

お酒は二十歳になってから。今は香りを嗅ぐだけ……

フィリップ・ハーパーさん × 日本酒

う製法です。人工的に育てた微生物を使わずに、酒蔵にすみついている酵母やこうじ菌を利用するのです。時間も手間もかかりますが、この製法によって、より個性的な味わいになるのだそうです。こうしてつくったお酒は次第に評判となり、今では生産量が以前の2.5倍にまで増えました。アメリカなど約10か国への輸出も始まっています。

さらに江戸時代の製法を復活させた、「タイムマシン」という名前のお酒は、濃厚な甘口で、「アイスクリームにかけてもおいしい」と女性に大人気。「宇宙人の蔵人」が描かれたラベルも、とてもユニークです。

現在、国内の日本酒生産量はピーク時の4割弱にまで減りましたが、フィリップさんはそれを時代の変化のせいだとは、思っていません。

「つくり手が本当においしいお酒をつくれば、お客さんは必ずついてきます。わたしは今後も、どんどん新しい挑戦をしていくつもりです」

もっと教えて！フィリップさん

Q 日本で受けたカルチャーショックはありますか？

A 銭湯や温泉など、公衆浴場があることです。イギリスでは見たことがないので、最初は恥ずかしい気持ちでいっぱいでした。今では、広い浴槽で手足をゆっくり伸ばせるし、たっぷりのお湯が気持ちいいので、大好きな日本文化のひとつになりました

Q 日本や日本人の嫌いなところを教えてください

A 地震や火山の噴火がひんぱんに起こることです。特に地震の多さにはびっくりしました

Q ふるさとについて教えてください

A イギリス南西部のコーンウォール州で育ちました。「アーサー王伝説」*2 で知られる、歴史ある土地です。大西洋に長く突き出た岬の名は「ランズエンド」といい、「地の果て」という意味です。見渡す限り空と海、断崖が広がり、息をのむほどのすばらしい景色ですよ

Q 一番好きな日本語は何ですか？

A 「**うま味**」です。昆布に代表される、深いコクとまろやかさのことで、甘味・酸味・塩味・苦味に続く「第五の味覚」として日本で発見されました。和食はもちろん、日本酒のおいしさの秘密でもあり、わたしも大好きな味です。世界でも注目されていて、英語でも"UMAMI"という言葉を使います

*2 アーサー王伝説…イギリスの王・アーサーを主人公とした、中世の騎士道物語。その後ヨーロッパなどに広まり、現代でも小説や映画、マンガなどの題材となっている。

profile

出身国：オーストラリア
生年：1964年
職業：陶芸家
紹介：14歳から陶芸を始め、大学卒業後、工房を開く。益子焼を学ぶために1990年に来日。益子に窯を開くが、東日本大震災により、2011年に群馬県利根郡みなかみ町に移住した。現在はここを拠点として作品づくりを行っている。

> わたしは土をこねて、自然の力を借りてそれを焼き上げ、器をつくります。そしてその器は、使う人が料理を盛ったときにはじめて、作品として完成するのです

陶芸家のユアン・クレイグさんが住んでいるのは、群馬県利根郡のみなかみ町。「釉庵」と書かれたプレートのある古民家は、田畑の中にあります。ユアンさんはここでどんな作品をつくって、どんな暮らしをしているのでしょう。

ユアン・クレイグさん
× 陶芸

日本ではなく益子に来たかった

古い養蚕農家を改装したユアンさんの工房兼自宅。土間にろくろがあり、くもりガラスの窓ごしにやわらかな自然光が差し込みます。養蚕で使っていた土間にある棚で、ろくろで成形した器を乾燥させています。寒い日はシチューの鍋がのる、いろりもあります。ここがユアンさんの仕事場、暮らしの場です。

子どものころ、体が弱かったユアンさん。14歳のとき、これからの人生について真剣に悩みました。弁護士、教師、医者……。やりがいがあり、収入のいい職業はいろいろです。でも人生を楽しみながら、納得のいく作品づくりに打ち込む陶芸こそ自分の仕事だと、ユアンさんは考えたのです。

オーストラリアの大学で陶芸を学び、開拓時代の建物が残るスワンヒルという街に、21歳で工房を開いたユアンさん。ちょうどそのころ、日本の益子焼*1に出会ったのです。「人々がふだん使っている、ふつうの台所道具や家具こそが美しい」という、「民芸運動」の流れの中で生まれた作品でした。つくったのは濱田庄司*2さん。日本に息づいている陶芸、その作品や考え方に、ユアンさんは強くひかれたのです。

そんなある日、益子で働く大学の後輩から「益子でいっしょに働かないか？」と１本の電話が。ユアンさんは二つ返事で、「Yes, I'll be there.（うん、行くよ）」。1990年、ユアンさんは、バッグ２つだけを持って益子町にやってきたのです。

東日本大震災を乗り越えて

島岡達三*3さんに弟子入りし、益子焼を学んだユアンさんは、1994年、自分の窯を開きました。益子に来てから知り合った、日本人の奥さんとの間に、４人のお子さんにも恵まれました。

そして、2011年の東日本大震災。震度６強の地震に見舞われた益子町の被害は大きく、ユアンさんの窯は使えなくなりました。オーストラリアに帰る、長野への移住……。結局、家族に相談して決めたのは、奥さんの故郷・群馬県利根郡みなかみ町への移住でした。幸運にも、昔、奥さんの親戚が住んでいた家が空いていたのです。つくりの立派な農家は、土台や柱はがんじょうなままでしたが、荒れはてていました。そこで手伝ってくれたのが友人たち。ときには、10人以上がユアンさんのもとを訪れ、家を修復したり、窯を建てたりと、仕事をしながら生活できる環境を整えてくれたのです。

「『陶芸の上手な外国人』ではなく、一人前の陶

> 益子焼きが発達したのは、陶器に適した土が出て、大消費地の東京に近かったからなんだね

↑ オーストラリアにいたころのユアンさん。器こそが日常の中の「美術」だと考え、小物や置物ではなく、おもに器をつくっていました。

↑ ユアンさんの工房。自然光にあふれる右奥の板の間で、ユアンさんはろくろを回しています。

---

*1 益子焼…栃木県芳賀郡益子町を中心とした地域で、江戸時代末期からつくられている陶器。益子町には窯元が約260、陶器店が約50ある。

*2 濱田庄司(1894〜1978)…柳宗悦(1889〜1961)、イギリス人のバーナード・リーチ(1887〜1979)らと民芸運動を推進した陶芸家。1955年に第１回無形文化財保持者(人間国宝)の認定を受けた。

*3 島岡達三(1919〜2007)…1946年、濱田庄司に弟子入り。1962年に日本民芸館賞を受賞、1996年には重要無形文化財保持者(人間国宝)の認定を受けた。

芸家としての道をきわめたい」そんなユアンさんの願いは、みんなでつくり上げたこの家で、実現していくのです。

使う人の心が豊かになる器をつくる

ユアンさんが使っているのは美濃の土と信楽の土。美濃の土の上品さと信楽の土のあたたかさを生かすために、3：1の割合で混ぜています。

それぞれの器には、さまざまな工夫と思いがこめられているのです。例えば、コーヒーカップやマグカップの取っ手。少し大き目で、指を入れたときにすっと収まるようになっています。

「よけいなストレスがかからない器だとリラックスして飲めるでしょう」とユアンさん。

コーヒーカップのソーサー（受け皿）や茶碗のふたは、皿として単独でも使えるような形にしてあります。皿の模様は、畳をつくるときに使う「いぐさ」という植物の葉で、焼き色や線の模様をつけたり、着物の帯締めなどに使う「組みひも」で、縄目模様をつけたりしています。

「洋食器の皿は、その上でナイフやフォークを使うので内側は平で、外側を『見て』楽しむことになります。美しさの中心は外側になるのです。それに対して、箸を使う和食器は、少しずつ箸でつまんだり、器を手に持ったりと、『使う』ことが軸になります。ここでは、内側の美しさが求められます。料理を盛ったとき、食べ進むとき、そして食べ終わって片づけるときも、心が豊かになるような器をつくりたいと、いつも思っています」

発見！ニッポン　陶器ができるまで

①土を練る　陶芸に使う粘土は、形がつくりやすくて、焼いても変形しないものが適しています。このような粘土は、陶芸ショップでも手に入れることができます。

▼

②成形　陶器の形は、ろくろを回すほかにも、粘土の玉をつつむ、粘土のひもを積み上げるなど、いろいろな方法でつくられます。

▼

③半乾燥　1〜3日くらい乾燥させて、仕上げができる硬さにします。

▼

④仕上げ　表面を削る、高台をつくる、ふちをなめらかにするなど、作品全体をバランスよく仕上げます。

⑤本乾燥　棚などにのせて完全に乾燥させます。

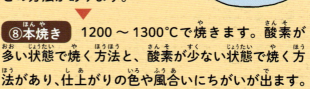

▼

⑥素焼き　750〜780℃くらいで素焼きします。素焼きすると割れにくくなり、吸水性も高まります。

▼

⑦施釉　釉薬をつけます。作品を釉薬の中にひたす、釉薬をふきつける、筆でぬるなどの方法があります。

▼

⑧本焼き　1200〜1300℃で焼きます。酸素が多い状態で焼く方法と、酸素が少ない状態で焼く方法があり、仕上がりの色や風合いにちがいが出ます。

▼

⑨絵付け　上絵具を使って絵柄を描き、その後750〜800℃でふたたび焼きます。

▼

⑩完成　十分に冷ました後、窯から出して完成です。

ろくろを使うのはほんの一部なんだね

ユアン・クレイグさん × 陶芸

ろくろを回すだけが陶芸ではない

　模様をつけたり、高台（茶碗の底などの少し高くなっている部分）を削ったり、取っ手をつけたりした作品は、釉薬をぬって乾燥させます。釉薬とは、焼き物の表面をおおっているガラスのようなもので、水漏れを防いだり、汚れをつきにくくするほか、いろいろな色を出すことができます。
　「陶芸というと、ろくろというイメージがありますが、実際にろくろにかかわるのは作業全体の3分の1ぐらいなんです。土をこねてから焼き上がるまでにさまざまな過程があり、それぞれの段階で美しければ、焼き上がったものも美しくなると思っています」。そして、いよいよ窯で焼き上げます。

思った通りに焼くのはむずかしい

　陶器をつくるとき、一度素焼きにしてから釉薬をぬってふたたび焼く場合もありますが、風合いを大事にして、ユアンさんは素焼きをせずに焼き上げます。
　窯に詰めるときは神経を使います。作品と作品の間をあけすぎると、窯の中の温度差で焼きむらができてしまいます。焼いているうちに作品に灰がかかり、それが独特の風合いを生み出すこともあります。ユアンさんが好きなのは緋色（オレンジ色）です。イメージした色を出すために、作品の並べ方や温度の調整など、いろいろなことに気をつかっています。
　そして焼くこと、約14時間。さらに1日さましてから、窯を開けます。思った通りの色が出て、満足のいく作品ができたときはとてもうれしいものですが、細心の注意をはらって焼いても、失敗するときもあります。釉薬が粘土にしみこみ過ぎて、作品のほとんどにひびが入ってしまったこともありました。
　「その日は1日無口でした。よほどがっかりしたのでしょう。うまくいっているときは、歌ったりギャグをいったりと楽しそうなんですが」。奥さんが、なつかしそうに話してくれました。ユアンさんは、自分の作品を楽しみにしているお客さんを待たせてしまうことが、とても悔しかったのです。それでも次の日は元気いっぱい。土をこねることから、またやり直しです。

土と息を合わせる

　ユアンさんは、窯にも工夫をしています。燃料に灯油やガスなどの化石燃料を使わず、薪も廃材を使う、環境に気をつかった、短時間で焼ける窯

← 100回土練りしたら、ひっくり返してまた100回。こうすることで、土が均等の硬さになり、中の空気が抜けていきます。

→ 井戸水は成形、施釉、手洗い、掃除などに使います。もちろん、家庭菜園の水やりにも使うことも。

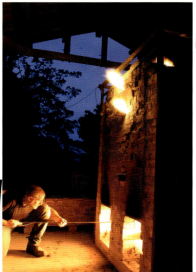

↑ 窯で器を焼くユアンさん。薪の量などで火加減を調節したり、煙突や焚き口の空気の流れを変えて、温度を調整したりします。

冬でも汗びっしょりになるんだって！

を設計したのです。

「陶芸家は、窯焚きをするたびに自然環境に悪影響をおよぼしているともいえるでしょう。少しでも、それを改善したかったのです」

ユアンさんは、作品づくりのなかで常に自然を意識しています。土をこねるときに使う水は井戸水です。水をくんだ桶の中に、魚がいることだってあります。ろくろは電動ではなく、自分の足で動かします。またできるだけ、電灯を使わずに、自然光の中で作業をします。

「自然の中では、リラックスしてよけいなことを考えずに作品がつくれます。そのときに、美しいものができるのです。土をコントロールしようとするのは、とても辛かったのです。だから、土を生かして自分の方をコントロールするようにしました。それからは、作陶がどんどん楽しくなりました。土と息が合ったときにできる、気取らない、何気ない作品、それが『民芸』だと思います」

和食器の世界は広がる

ユアンさんは作品の個展を開くほかにも、いろいろな挑戦をしています。

和食はヘルシーで美しい料理として、無形文化遺産に登録されるなど、世界的に注目されていますが、和食器のよさはまだ十分に知られていません。ユアンさんは、和食器そのものをひろめるために、自分の器を使ったフランス料理のフルコースの食事会を開いてみました。また、さまざまな世代を対象にワークショップを主催しました。陶器をつくる楽しさを、多くの人に味わってもらうことが大事だと考えたからです。

仕事の心意気: 土をコントロールするのではなく、土を生かして自分をコントロールすること。土と息が合ったときにできる、気取らず、何気ない作品づくりをめざしています。

使って美しい器をつくる

「わたしが感銘を受けた民芸運動には、『用の美』という言葉があります。ただ、ながめるためだけでなく、使って美しいものこそが本当の器だという意味です。わたしは土をこねて、自然の力を借りてそれを焼き上げ、器をつくります。そしてその器は、使う人が料理を盛ったときにはじめて、作品として完成するのです」

ユアンさんは、日本語の会話も読み書きもマスターしていて、奥さんがむずかしい漢字の書き方を教わることすらあるそうです。四字熟語だって、たくさん知っています。そんなユアンさんの好きな言葉は、大器晩成。地に足のついた生活をしながら、時間をかけてゆっくり、じっくり、大きな仕事をするという意味です。

作品じまん

料理や飲みものを引き立てるため、派手な色や模様はひかえめ。完成しても、土の手ざわりが残っています。

とっくりとちょこ

ティーポットとカップ

料理が盛られた器

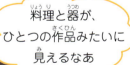
料理と器が、ひとつの作品みたいに見えるなあ

ユアン・クレイグさん × 陶芸

「例えば、わたしが山に苗木を植える。子どもたちが大人になったとき、成長した木を切って何かをつくる。そして、また苗木を植える。そんな、息の長い生き方ができればいいですね」

ユアンさんが陶芸を始めて30年、日本に来て25年が経ちました。人生の半分を日本で過ごしたことになります。

「ようやく陶芸家としていろいろなことができる年齢になってきました。90歳ぐらいまで仕事としての陶芸をして、それからは趣味で陶芸をしようかな、と思っています」

アイテムチェック

トンボ

器の寸法を確認するための「トンボ」。羽根の部分で直径を、足の部分で深さを測ります。サイズに合わせて、羽が取り替えられるこのトンボは、ユアンさん手づくりの、じまんの道具です。

もっと教えて！ユアンさん

Q 一番大事なものは何ですか？

A 家族です。夕食はいつも家族全員で食べます。もし子どもがひとりでも遅くなったら、わたしか妻のどちらかが待っていて、いっしょに食べます。家族でいろいろなことを話し、ともに過ごす時間が一番楽しいです

Q 日本や日本人の好きなところを教えてください

A 近所づきあいなどがあり、まわりの人と仲よく、助け合って暮らしているところです。特に地方はそうですね。仕事で都会に行くと疲れて、早くみなかみ町の家に帰りたくなります

Q 日本で受けたカルチャーショックはありますか？

A 子どもが忙しいことですね。土曜日や日曜日でも、部活やら何やらで、制服を着て学校に行っているのは不思議な感じがします。週末は遊んだり、家族と過ごしたりしたほうが、リフレッシュして勉強も進むような気がします

ユアンさんの人を愛する気持ちが、素敵な焼き物をつくる力になっているのね

Q 子どもたちに伝えたいことはありますか？

A 今も昔も、美しいものは美しい。国籍や年齢、性別がちがっても、人間は同じ。ちがうのは、ほんの一部です。いろいろな人と美しさを共有する心を、大事にしてほしいと思います

カンラス・ウェンディさん × ラーメン

東京の都心部、神田にほど近いこの界隈はサラリーマンと学生が多い町です。そして、ラーメン屋とカレー屋の激戦区でもあります。ここに、日本人もおどろくおいしいラーメン屋を構えるウェンディさんは、どんな思いで仕事をしているのでしょう。

> わたしのつくるラーメンは、フィリピンの父の味です。日本人の大好きなラーメンに、フィリピンの料理法とスパイスを加え、心をこめてつくっています

profile

出身国：フィリピン
生年：1982年
職業：ラーメン屋店主
紹介：小さいころ、料理じまんの父親から多くのことを学ぶ。2004年、ふるさとの家族を支えるため来日し、日本で働き始める。娘とともに日本で暮らし始めて10年。2011年にラーメン屋の店主となり、「外国人女性がつくるラーメン」として話題をよんでいる。

カンラス・ウェンディさん × ラーメン

トッピングはフィリピンの味

お店の看板は不思議な動物のシルエット。「だし」に使っている魚と豚が、それぞれ尾っぽと頭になっているのです。「魚とん」が、このラーメン屋の名前。カウンター12席、つけ麺がじまんの小さなお店です。

ウェンディさんが生まれ育ったのはフィリピンの首都・マニラから、車で2時間ほどの山あいの町。幼いころから料理上手なお父さんを見て育ったウェンディさん、ソースの味やスパイスの使い方など、いろいろなことを覚えました。

「父はいつも、手伝わなくていいから、そばで見ていなさいといっていました」

2004年から、東京で暮らし始めたウェンディさんは、勤めていたカレー屋でまかない*1を担当。その味は従業員に大好評でした。その後しばらくして、ウェンディさんは「自分でお店をやろう」と決心したのです。

今や世界的な人気を誇る日本のラーメン。小さいころから親しんだお父さんの味を生かしたラーメンを、日本の人たちに食べてもらいたい。「日本のラーメンって、本当においしいですよね。フィリピンには、春雨などの米の粉を使った麺料理はありますが、日本のようなラーメンはありません。これにフィリピン料理のもっている味が加わったら、きっとすばらしいものになると思ったのです」とウェンディさん。

フィリピンでは豚肉・牛肉・鶏肉などを、時間をかけてやわらかく煮る料理があったのです。「フィリピン風の豚肉料理、これがトッピングになる」。ウェンディさんはひらめきました。これをさらに工夫して、ウェンディさんはついに、「とろ肉つけ麺」を考え出しました。さらに、煮干しと

↑ 向かって一番右が、4歳のときのウェンディさん。両親と二人の兄、妹といっしょに。家族のすることを見ているのが大好きな子どもでした。

発見！ニッポン　外国生まれの日本食？

ラーメンの原形は中華料理の「汁そば」ですが、スープのだしや具に、日本の食材を利用して大発展。今やラーメンは、代表的な日本食のひとつになりました。

明治時代の後期、東京に日本初のラーメン屋が開店したといわれています。そのころは、日本そばと区別するために「支那（中国のこと）そば」、「中華そば」とよばれていました。大正時代から日本各地に広がり、その土地の食材を生かした、さまざまなラーメンがつくられるようになりました。また、インスタントラーメンが発売されることで、ラーメンは日本人の国民食としての地位を確立しました。現在では、欧米やアジアでも日本のラーメンが親しまれるようになったのです。

ニューヨークのラーメン屋はたくさんの客でにぎわっています。みんな、箸とレンゲを上手に使っています。

＊1 まかない … 料理人がお店などで、自分たちで食べるためにつくる簡単な料理のこと。まかない料理。

豚骨の濃厚なスープに負けない中太麺を、老舗製麺所につくってもらったのです。

結果は大成功。ウェンディさんの強い思いが込められたラーメンは、味にうるさい日本の人々にも受け入れられたのです。

真似のできない料理の技

ウェンディさんの毎日はとても忙しいです。朝は小学校に通う娘さんの世話をして、掃除や洗濯などの家事をこなし、10時過ぎに家を出ます。

「一番忙しいお昼どきは、ただただラーメンをつくり続けます」。午後には、次の日の仕込み。夕方からまたお客さんが増え、閉店の午後9時まで、忙しい時間を過ごします。

そして週に2日は、とろ肉の仕込みがあります。その日は早起きです。豚バラ肉を20キロ、大きな鍋で煮込みます。フィリピンのスパイスに岩塩なども入れて、独特の風味を出します。ていねいにあくを取ったらふたをして、弱火で煮ること約13時間。できあがるまで、ふたは一度も取りません。火を止め、一晩そのままにして、さらに1日置いてでき上がり。やわらかくなりすぎると、ばらばらになってしまいます。ぎりぎりまでやわらかく煮て、しかも肉の形をこわさないこと。これができるのはウェンディさんだけ。このとろ肉をうすく切ったものが、迫力満点のトッピングになるのです。

納得がいくまでやりぬく

ウェンディさんは、負けず嫌いのがんばり屋さん。スープを試作したときも、食べた人が首をかしげると、何度も何度もつくり直しました。納得できるまであきらめない、それがウェンディさんのやり方です。

「とにかく、よく働きます。食材集めから料理法にいたるまで、どんなことにも積極的です。細い体のどこにあのパワーがあるのか、頭が下がります」と従業員はいいます。

ウェンディさんの挑戦は、もちろん続きます。日本人の好きな食べものといえば、ラーメンとカレー。煮干しと豚骨の「とろ肉つけ麺」の次に、新しいメニューの味として考えたのが、「カレーつけ麺」でした。日本で働いたカレー屋の経験が生かされます。フィリピンのカレーは、ココナッツミルクやいろいろなスパイスを入れたグリーンカレーが主流。そんなフィリピンのカレーの味を、新しいつけ麺に生かせないか？ このときも、お父さんの料理が役に立ちました。もともとフィリピンではいろいろなスパイスを使いますが、そんな父親ゆずりのスパイスづかいに、もうひと工

とろ肉をつくるときの大きな鍋と、豚のバラ肉。これは、ウェンディさん以外は誰もふたを開けてはいけないという、**魔法の鍋**です。

お父さんの味とウェンディさんの工夫が詰まった特製のスパイス。「少ない種類で深い**味わいを出す**」がポイント。

↑ 調理場に立つと、お客さんの反応が伝わってきます。「中には無反応な人もいますが、また来てくれたら、それはおいしかったということ」とほほえむウェンディさん。

カンラス・ウェンディさん × ラーメン

夫。フィリピンは世界有数のバナナの産地で、ふつうのバナナとちがう、甘さがソフトで、食感が少しサトイモに似ている調理用のバナナもあります。こうしたバナナやマンゴーを入れることで、スパイスが表に出ない、優しい味のカレーになったのです。

「はじめて食べるカレーなのに、なぜかなつかしい。そういわれるお客さんがとても多いんです」

さらに麺にもこだわります。東京郊外で食べた、こしの強い手打ちうどんが忘れられず、太い平打麺を開発したのです。この麺は、カレーとの相性が抜群で、看板メニューのひとつになりました。

フィリピンの焼鳥を食べてほしい

フィリピンと日本の料理のよさを、独自のラーメンに取り込んだウェンディさんには、二つの夢があります。一つはフィリピン料理のお店を出すこと。ラーメンを通じて知ってもらったフィリピンの料理の奥深さを、本格的に日本に紹介するのです。いろいろな国の料理店のある東京でさえ、まだまだフィリピン料理のお店は少ないのです。

「日本の焼鳥はとてもおいしいです。でもフィリピンの焼鳥、チキンのバーベキューは、それに負けないくらいおいしいんですよ！　大きな鶏肉を焼いて、トマトベースのソースで食べるんです」

ウェンディさんのフィリピン料理のまかないは、今のお店でも、やっぱり大好評です。でもたくさんの日本人に、もっともっとフィリピンの味を知ってもらいたいと思っているのです。

もう一つの夢は、フィリピンにいる家族のために家を建てること。もともと大好きなお父さんが病気にかかり、その治療費をつくるために日本に来たウェンディさん。一生懸命働いて、仕送りを続けましたが、忙しくてフィリピンに帰ることはできませんでした。そして昨年、お父さんは亡くなってしまいました。

「お父さんを早く助けてあげたいと思って、家に帰らずに東京でがんばってきましたが、今になっては、一度でも帰って顔を見せてあげればよかった。そのことを本当に後悔しています」

いつも明るく、パワフルなウェンディさんの目に、少しだけ涙が浮かびました。

日本にはチャンスがある

今は娘さんと二人暮らしのウェンディさん。娘さんには日本で教育を受けさせてあげたいと思い、いっしょに日本に来たのです。

「経済的には、フィリピンはまだまだ豊かではありません。35歳にもなると、望む職業に就くことはなかなかむずかしいのです。でも日本では、高齢者にも働く場所があります。『そんな年まで働かなくてもいいのに』、という人もいますが、いくつになっても働けるというのは幸せなこと。日本にはチャンスがあります。娘を日本で育てるのも、それが彼女の未来のためと思うからです」

お父さんは亡くなっても、残してくれた味はウェンディさんの料理の中に生きています。フィリピン料理を生かして、ラーメンとカレーに新しい風を吹き込んだウェンディさんは、今度はどんな魔法の料理をつくってくれるのでしょう。

仕事の心意気

一度やると決めたら、とことん納得がいくまであきらめません。このお店で出すラーメンも、何度も何度もつくり直しました。何でも積極的にやることです。働けば、必ずいいことが待っています。働けるということはすばらしいことです。

もっと教えて！ウェンディさん

Q: 日本の食べ物は好きですか？
A: 好きです。おすしが大好きですが、うにやいくらは苦手。でも、このほうがお財布にやさしいかな。食べられないのは、においが強い納豆と青じそです

Q: 日本で受けたカルチャーショックはありますか？
A: 水と空気がきれいなこと。フィリピンは、水がきれいではありません。東京の空気がきれいだというと、おどろかれることがありますが、フィリピンの町はディーゼル車が多いせいか、ほこりっぽく感じます。それが原因ではないでしょうが、フィリピンに帰るたびに、肌が白くなったといわれるんです

Q: 日本人の好きなところと嫌いなところを教えてください
A: 日本人はルールを守る、それがすばらしいと思います。乗り物に乗るときやスーパーでも、みんなきちんと順番を守りますよね。嫌いというか、不思議に思うのは、今を楽しもうとしないこと。例えば、今、働いていて生活に不自由してなくても、老後を考えて貯金をする人が多いでしょう？　蓄えることは必要ですが、一生懸命働いて、そのごほうびとして、今の人生を楽しむことは大事だと思います

Q: 日本の子どもたちに伝えたいことはありますか？
A: わたしは父親がすることを見て育ちました。大人がすることを見るのは、とてもいい勉強になります。家庭の中で、お父さん、お母さんが、何を、どうするかを見るのは、大人になってからきっと役に立つと思いますよ

ニッポンの外国人の街

中華街

「華僑」とよばれる中国の人々は結束力が強く、生活をともにし、活発な商売をするために、移住した国で自分たちの町をつくることがあります。このような町を、中華街（チャイナタウン）といいます。それでは、日本の三大中華街をのぞいてみましょう！

横浜中華街（神奈川県横浜市）

横浜中華街は世界でも指折りの規模で、たくさんの中華料理店が立ち並び、国内外からの多くの観光客でにぎわっています。

この中華街がつくられたのは、江戸時代の末期。横浜が開港されると、さまざまな国の人がやってくるようになりました。それに合わせて、多くの華僑も住むようになりました。中国人は、漢字を使って日本人と筆談ができたため、西洋人と日本人が貿易などをする手助けとなったのです。また洋裁、ペンキ塗装、活版印刷など、西洋人の生活に欠かせない技術を持ち込みました。西洋人が暮らした「外国人居留地」とともに生まれた横浜中華街は、今でも多くの人々に愛されています。

↑ 横浜中華街の關帝廟。

神戸南京町（兵庫県神戸市）

神戸南京町も、横浜と同じように、神戸が開港したときに「外国人居留地」の近くにできた町です。昔は観光地というよりも、市場としての役割を果たしていました。日本人のお店と中国人のお店が軒を並べていた南京町は、行けば何でもある「関西の台所」として繁栄しました。太平洋戦争の空襲で全焼しましたが、1970年代にふたたび町づくりを行い、おしゃれな中華街として親しまれています。

↑ 神戸南京町の南京町広場。

↓ 長崎新地中華街で毎年冬に行われる「長崎ランタンフェスティバル」。

長崎新地中華街（長崎県長崎市）

鎖国をしていた江戸時代、中国やオランダとの貿易は長崎でのみ許されていました。新地中華街はそのころから続く、日本でもっとも古い中華街です。

最盛期には、長崎に住む6人に1人が中国人だったとも。新地は、中国からの貴重な交易品のために、海を埋め立ててつくられた町。中国・福建省から贈られた御影石の石畳の道には、料理店・雑貨店が並びます。

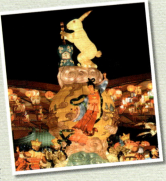

世界にある中華街は、中国人を中心に利用されています。しかし、日本の中華街は反対に、日本人や観光客の利用がほとんど。日本人にとって、中華街は本当に身近な場所なのです。

● **監修者紹介**

ロバート キャンベル（Robert Campbell）

1957年、ニューヨーク市生まれ。日本文学研究者。現在、東京大学大学院総合文化研究科教授。
近世・近代日本文学、とくに江戸時代後期から明治時代前半の漢文学が専門。また日本の文学、芸術、メディア、思想に関心を寄せ、新聞・雑誌、テレビ、ラジオでも幅広く活躍中。
主な編著に『ロバート キャンベルの小説家神髄―現代作家6人との対話』（NHK出版、2012年）、『Jブンガク―英語で出会い、日本語を味わう名作50』（東京大学出版会、2010年）など多数。

NDC 360
監修　ロバート キャンベル
外国人が教えてくれた！
私が感動したニッポンの文化
② こんなに美しい・おいしいなんて！高みをめざす職人の巧み
日本図書センター
2015年　48P　29.7×21.0cm

● **取材執筆・写真撮影**
　p. 6～11　肥沼和之、石原敦志
　p.12～17　篠木絹枝、海老澤芳辰
　p.18～23　篠木絹枝、木藤富士夫
　p.24～28　篠木絹枝、海老澤芳辰
　p.30～35　山口紀子、有本真紀
　p.36～41　篠木絹枝、海老澤芳辰
　p.42～46　篠木絹枝、海老澤芳辰
　コラム執筆　篠木絹枝

● **本文イラスト**　岡村奈穂美、下田麻美

● **写真協力**　木下酒造、苔聖園、富岡市・富岡製糸場、長崎市観光推進課、日本建築学会図書館、山梨県立博物館、時事通信フォト、フォトライブラリー

● **デザイン・編集・制作**　ジーグレイプ

● **企画担当**　日本図書センター／高野総太、村上雄治

外国人が教えてくれた！ 私が感動したニッポンの文化
第2巻　こんなに美しい・おいしいなんて！ 高みをめざす職人の巧み

2015年1月25日　初版第1刷発行
2024年7月25日　初版第4刷発行
[監　修]　ロバート キャンベル
[発行者]　高野総太
[発行所]　株式会社 日本図書センター　〒112-0012　東京都文京区大塚3-8-2
　　　　　電話　営業部　03（3947）9387　出版部　03（3945）6448
　　　　　http://www.nihontosho.co.jp
印刷・製本　TOPPANクロレ株式会社

2017　Printed in Japan
乱丁・落丁本はお取り替えいたします。

ISBN978-4-284-20290-9　C8336（第2巻）